LETTRES

SUR

LE COMMERCE DES COLONIES.

IMPRIMERIE DE CASIMIR, RUE DE LA VIEILLE-MONNAIE, N° 12.

LETTRES

A M. LE COMTE DE ***,

SUR

LE COMMERCE DES COLONIES,

PAR

UN ANCIEN ADMINISTRATEUR.

A PARIS,

CHEZ GRIMBERT, rue de Savoie, n° 14.
BOSSANGE, rue de Richelieu, n° 60.
PÉLICIER, place du Palais-Royal, n° 244.

M DCCC XXIV.

PRÉFACE.

Ces lettres n'étaient pas destinées à être imprimées; elles devaient rentrer dans mon secrétaire après avoir été lues par M. le comte de ***, qui les avait provoquées. Mais j'ai pensé, ainsi que plusieurs amis, que je devais les faire connaître au moment d'une nouvelle session, au moment surtout où le gouvernement, en instituant *un Conseil supérieur et un Bureau du Commerce et des Colonies*, semble vouloir porter plus particulièrement son attention sur cette branche importante de prospérités.

Ainsi, en répandant ce petit écrit sur le *Commerce des Colonies*, je crois remplir le devoir d'un bon Français ; je ne saurais supposer qu'on me prêtât un autre but dans une matière aussi sérieuse, et qui, par cela même, doit trouver si peu de lecteurs.

J'ai cherché à rapprocher, autant que possible, le système colonial que j'indique, de celui suivi par les Anglais : je crois que dans l'état actuel des choses, le *bien* doit se trouver dans un juste milieu; et, en cela, je puis m'autoriser aujourd'hui de l'opinion de S. E. le Président du conseil des Ministres, qui a dit, en parlant dans son rapport au Roi, du 6 janvier, des membres du Bureau du commerce et des colonies :

« Ils (ces membres) se tiendront également éloi-
» gnés et *des idées exclusives*, et *des théories*
» *absolues*, contre lesquelles la puissance des faits
» et l'habitude des affaires sont la meilleure
» garantie. »

J'ai fait précéder ce petit écrit, qui se compose de six lettres, de quelques observations générales sur le commerce et la marine.

Dans la première de ces lettres, en rappelant les opinions diamétralement opposées qui ont été émises sur la *question coloniale*, je la réduis à sa plus simple expression, et j'énonce que je ne la traiterai que sous le rapport *purement commercial*.

Dans la seconde, je démontre les avantages du commerce des colonies, qui ne doit pas être vu seulement par le prisme étroit de notre seule consommation, mais par celui bien autrement vaste du commerce avec le monde entier.

La troisième lettre indique les principales causes de souffrance de nos colonies, dont le résultat est la production à *plus haut prix* que les autres établissemens du même genre.

J'établis dans la quatrième les principes et les conséquences du *monopole* et du *commerce illimité*, et je fais voir que ces deux systèmes opposés ne conviennent pas plus aux colonies qu'à la métropole. Un système mixte peut seul leur être applicable.

Dans la cinquième lettre, je discute et les moyens employés pour l'amélioration du commerce de nos colonies, et ceux que je propose.

Enfin, je résume, dans la sixième et dernière, les avantages qui résulteront du système que j'indique, tant pour le commerce de la France que pour celui de ses colonies, et je pose les bases principales de l'*ouverture limitée de leurs ports*.

Déjà, à mon retour des colonies, j'ai présenté au gouvernement des mémoires sur l'administration et le régime intérieur de ces possessions lointaines, et un ministre, qui avait eu le tems de les lire, voulut bien m'écrire à cette occasion dans ces termes :

» Je dois des éloges au zèle avec lequel vous vous êtes occupé de ces recherches, à la manière dont vous avez établi vos diverses propositions, aux détails par lesquels vous les justifiez, aux sentimens qui vous animent.

» Je vous remercie, monsieur, de ce travail dont je fais cas, et qui arrive d'une manière très-opportune dans un moment où le ministère agite les questions qui intéressent le peu de colonies qui restent à la France.

» Votre mémoire sera mis sous les yeux des

commissions et conseils chargés de connaître de cette importante matière. »

Ce petit écrit n'aura peut-être pas le même avantage que le précédent. Mais puisse du moins le vœu que j'y forme être entendu de tous ceux dont le désir le plus cher est de voir rendre à leur pays tous les genres de prospérités qu'il peut raisonnablement ambitionner !

DISCOURS PRÉLIMINAIRE.

Il n'est que trop vrai que depuis la révolution, notre commerce extérieur, dont celui des colonies fait partie, a beaucoup souffert : on l'apprécie mal généralement ; il existe même une sorte de rivalité entre l'agriculteur, le manufacturier et le commerçant, qui nuit à son développement.

Cependant, vainement un État possède une population nombreuse et des produits abondans. Il faut à cette population du travail, et à ces produits une consommation assurée. Plus le commerce croît, plus croît la demande de travail, et alors le nombre d'ouvriers devient relatif au nombre de la population. Autrement l'État est en souffrance. On voit trop de *bouches* et trop de *vivres* : l'ouvrier, sans travail , ne peut acheter les denrées nécessaires à sa nourriture ; et, quelque abondantes qu'elles soient, le fermier ne vend pas , le propriétaire est sans argent, et le malheureux n'a pas de quoi vivre *.

Mais le besoin du commerce ne s'est-il pas fait sentir dans tous les temps? Depuis que le monde existe, tous les peuples se sont procuré, par des échanges, les choses qu'ils n'avaient pas. Le commerce, qui fleurit à l'ombre de la paix, est le lien de la société en général, et, par son heureuse influence, le monde n'est plus qu'une ville et tous les peuples une famille.

Le commerce ainsi que l'agriculture et l'industrie fait la richesse, la splendeur et la force des États, et les lois doivent les coordonner entre eux de manière que leurs

---

* Dans l'analyse du système de l'administration britannique en 1822, M. Charles Dupin a fait ce rapprochement, à l'occasion de l'Islande, avec toute sa sagacité ordinaire.

avantages et leurs charges se balancent, sans jamais se nuire.

Nous ne sommes plus au temps où, nous occupant presque exclusivement d'agriculture et de commerce, mais d'une manière encore imparfaite, nous allions porter chez les étrangers d'énormes tributs dont nous nous sommes affranchis pour payer le travail de cette industrie, que nous étions destinés à leur enlever.

Nous ne sommes plus au temps où, amans passionnés de toute nouveauté, mais trop peu éclairés sur nos véritables intérêts, nous nous adonnions sans mesure aux entreprises moins solides et plus hasardeuses de l'industrie et du commerce, en négligeant l'agriculture, cette précieuse et première source de tout.

Nous ne sommes plus enfin à ce temps, encore récent, où, la fortune de l'État flottant au gré d'une ambition démesurée, en commandant à une partie du monde, nous nous efforcions en vain de nous passer de celles que nous ne pouvions commander; et où, fiers avec raison de notre agriculture et de notre industrie, nous cherchions, plutôt par entêtement que par ignorance, à exiler, pour ainsi dire, le commerce des rives du continent européen. C'était là un bien faux principe que celui qui faisait croire que, riche de son sol et de son industrie, la France pouvait, non-seulement se passer des étrangers, mais même entraîner leur ruine en cessant tout commerce avec eux?

Si un grand État pouvait se passer du commerce extérieur, quel pays aurait eu plus d'avantage pour cela que la France? En effet, quel sol plus fertile, plus varié et plus complaisant même? et si l'on en excepte quelques produits particuliers à la zone torride, y a-t-il une plante curieuse, un arbre précieux, un animal utile qui ne vienne, qui ne se naturalise incessamment sous son ciel propice et tempéré?

Quel peuple encore plus spirituel, plus actif, plus ingénieux que le peuple français ? Il imagine, il perfectionne tout ; et si quelque chose a, par hasard, échappé à son invention, bientôt il s'en empare, la renouvelle, et l'enlevant à son voisin, il s'en fait, à juste titre, sa propriété particulière.

L'agriculture d'abord, l'industrie ensuite sont les principes de toutes les richesses : elles valent mieux pour un pays que les mines les plus abondantes. L'Espagne, pour les avoir trop négligées, périssait de faim, avec tout son or du Pérou et son argent du Potosi.

On peut regarder l'agriculture et l'industrie comme les mines les plus précieuses d'un pays que le commerce exploite et alimente. C'est lui qui leur donne du ressort et de l'activité. Il débouche leurs produits et leur rapporte par l'échange du superflu, de nouveaux alimens dont elles ne peuvent se passer sans perdre de leur abondance, et devenir même stériles : et si l'agriculture et l'industrie sont les plus belles mines d'un État, le commerce est le grand fleuve de ses richesses. Quand il disparaît un moment, elles le rappellent aussitôt, comme ces terres fertiles, mais desséchées, redemandent le retour des eaux que la saison a devancées, et qui doivent porter partout avec elles la fraîcheur et la vie, l'abondance et la joie.

Que manque-t-il à la France pour avoir un grand commerce? N'a-t-elle pas une population considérable, laborieuse et entreprenante? Ses produits agricoles et industriels ne sont-ils pas abondans et recherchés? Et, on le sait, ce sont les pays qui possèdent beaucoup de choses, et non ceux qui ne produisent rien, qui ont le plus d'avantage à faire le commerce.

N'a-t-elle pas une longue étendue de côtes, coupées de ports sûrs et de rades commodes? La France, quand elle le voudra, pourra rivaliser avec les premiers peuples commerçans. S'il lui manque quelques articles, soit pour la construction, soit pour l'équipement des navires, les autres nations de l'Europe ne sont pas mieux partagées, et elle aura toujours sur plusieurs de ces nations cet avantage marquant que, par la modicité du prix des subsistances premières et par celle de la main d'œuvre, elle pourra livrer ses produits à meilleur marché qu'elles, lorsque ses mécaniques se seront perfectionnées encore, et que les frais de navigation ne seront pas aussi considérables.

Le commerce, qui unit tous les peuples, est cependant quelquefois une cause de jalousie et de rupture entre eux. Mais les flottes, qu'il alimente d'hommes, sont l'appui qu'il attend, et elles seules peuvent le protéger. Ce sont elles aussi qui protégent les possessions éloignées, et surtout les îles. Il n'est pas plus difficile à la France d'avoir une marine militaire qu'un grand commerce. Sous Charlemagne, elle eut l'empire de la mer; quelque temps sous Louis-le-Grand, sa marine lutta tour à tour contre les flottes d'Angleterre et de Hollande; enfin, naguère encore, sous le roi de douloureuse mémoire, le pavillon blanc fut respecté sur les mers !.....

Rien n'empêche donc la France de relever et son commerce et sa marine, et c'est de l'auguste monarque qui lui a donné de si sages institutions, qu'elle attend encore ce grand et nouveau bienfait.

LETTRES

A M. LE COMTE DE ***,

SUR

LE COMMERCE DES COLONIES.

LETTRE PREMIÈRE.

MONSIEUR,

VOUS me demandez mon opinion sur la question coloniale : c'est une des plus importantes qui aient occupé le gouvernement depuis la restauration ; et il ne faut rien moins que le désir de ne pas vous déplaire, pour vous soumettre mes idées sur un sujet qui a été traité, avec un si rare talent, à la chambre des députés, dans sa session de 1822. Cependant, de cette discussion lumineuse, il n'est pas sorti en effet un système complet. L'ordonnance du 25 septembre, rendue sur le rapport de S. E. le ministre de la marine et des colonies, est bien un pas dans le bon chemin de l'amélioration de notre système colonial ; mais, si cette mesure n'est pas suivie de plusieurs autres, je ne dois pas vous le dissimuler, je la regarde comme tout-à-fait insuffisante.

Lors de cette discussion, un fait a été constaté, c'est la souffrance de nos colonies. Cette souffrance tient à plusieurs causes, tant intérieures qu'extérieures, que je développerai quand elles se rattacheront à la *partie commerciale de la question*, la *seule* que j'entends traiter ici. Je ne ferai qu'indiquer les autres causes.

Cependant la solution de cette question, ainsi réduite, a encore cela d'embarrassant que les plus grands intérêts semblent être en opposition. D'un côté, les manufacturiers et grand nombre de négocians vous disent que nos colonies nous offrent aujourd'hui si peu de débouchés, sont si peu importantes, qu'il ne faut pas être arrêté par elles pour étendre nos relations extérieures, si les immunités qu'elles réclament pouvaient nuire à notre commerce en général. Cette opinion est aussi celle de la plupart des consommateurs, qui voudraient un commerce plus libre pour payer à meilleur marché les denrées coloniales, parce qu'elles coûtent moins cher dans les colonies étrangères que dans les nôtres. D'un autre côté, les colons, appuyés par un certain nombre de propriétaires de la métropole, vous disent que, par cela même que ces possessions éloignées sont aujourd'hui en petit nombre, elles méritent d'autant plus la sollicitude de la métropole, et qu'il ne faudrait pas balancer à abandonner une partie de nos relations étrangères, si ces relations pouvaient être préjudiciables à nos colonies, en nous forçant à devenir entièrement tributaires des autres nations pour les denrées produites au-delà des mers.

Le but principal des colonies n'a pas été de former, à d'aussi grandes distances, une ville, un état, mais bien de donner de l'extension au commerce; et s'il était prouvé que les nôtres dussent nuire à cette branche importante de prospérité, quelques avantages qu'elles présentassent d'ailleurs, peut-être ne faudrait-il pas hésiter à en faire même le sacrifice. Mais si leur prospérité n'est pas inconciliable avec l'extension de notre commerce, et s'il est possible, non pas de satisfaire immédiatement des vœux aussi contraires, du moins de *tendre* vers ce but désirable de contenter les colons en agissant aussi pour les manufacturiers et les commerçans, alors il n'est pas douteux qu'il vaudra encore mieux employer ce moyen conciliatoire. Dans l'état actuel des choses, tout système extrême, ou *qui tendrait à le devenir*, ne peut amener qu'un résultat funeste.

LETTRE II.

Du Commerce des Colonies.

MONSIEUR,

DE tous les différens commerces, celui des colonies, que je vais faire connaître, est, en général, un des plus utiles qu'il y ait à faire.

En effet, que fait une métropole dans son commerce avec ses colonies ? elle échange, avec quelque argent, les produits de son sol et de son industrie pour des denrées et des matières premières, et non pour des objets de manufacture, qui peuvent lui nuire; et quand elle peut en ouvrer une partie et la réexporter, le travail qu'elle se procure par-là, et cette réexportation, lui sont d'un résultat doublement avantageux.

C'était avant la révolution la position de la France vis-à-vis de ses colonies; c'est aujourd'hui celle de l'Angleterre vis-à-vis des siennes.

Le commerce des colonies peut s'étendre non-seulement par l'accroissement des différentes cultures qu'on y introduit, mais encore en en faisant des canaux et des entrepôts de marchandises de toute espèce, et particulièrement de celles que produisent ces régions lointaines.

Les peuples de l'Asie et de l'Amérique méridionales consomment généralement peu d'objets provenant d'Europe. Ce sont les Européens, disséminés sur ces deux parties du globe, qui forment la masse des consommateurs. La difficulté est d'arriver jusqu'à eux. Il n'y a que peu ou point de marchés convenablement approvisionnés. De là naît souvent l'impossibilité de bien assortir les cargaisons de retour, dont dépend cependant tout le succès de ces opérations d'outre-mer.

Par la proximité des lieux, par les relations qu'ils ont habituellement avec les peuples de ces contrées, par la facilité et la commodité des caboteurs (bien moins dispendieux que les navires d'Europe), les négocians de nos colonies peuvent non-seulement placer une plus grande quantité de nos produits, mais encore former des magasins où nos vaisseaux trouveront tous les articles que nous allons chercher dans les deux Indes.

Nos Antilles peuvent disputer aux Antilles anglaises l'entrepôt des îles et des états circonvoisins, particulièrement du golfe du Mexique; Bourbon, à l'aide de l'île de France, peut l'être du Bengale, des Moluques, des Philippines, de Moka et de la Chine. Comme Gorée, nos autres établissemens naissans de l'Afrique, et surtout la Guyane, pourront aussi plus tard avoir une semblable destination.

Ainsi les colonies sont non-seulement utiles, par elles-mêmes, pour le commerce de la métropole, mais aussi par l'extension immense qu'elles peuvent donner à la navigation, devenue le palladium de la grandeur britannique.

Les nôtres ont fait aussi notre prospérité et notre puissance. Quelque réduites qu'elles soient, elles peuvent y contribuer encore.

Pour cela il ne faut pas seulement les considérer comme devant éviter un mal, celui de devenir entièrement tributaire des étrangers pour les produits exotiques, mais comme devant amener un grand bien. Ce n'est pas par le prisme étroit du commerce de notre seule consommation que nous devons les voir, mais par celui bien autrement vaste du commerce avec l'Europe continentale. Les peuples civilisés arrivent chaque jour à cette époque où l'industrie propagée aura élevé partout ses barrières. Le système prohibitif qu'adoptent presque tous les états de l'Europe, prouve que c'était en vain qu'on s'était flatté prochainement d'une liberté générale de commerce. A peu de chose près, les peuples vivant sous une même zone pourront se passer les uns des autres. Mais jamais ceux auxquels la nature a refusé les avantages de la navigation ne pourront aller chercher au-delà des mers les produits particuliers à d'autres climats, et dont ils se sont fait une nécessité.

C'est là que l'avantage de notre position se fait aussitôt sentir; et, quelque avance qu'ait prise l'Angleterre, il n'est pas dit qu'à la longue nous ne puissions lui enlever du moins une partie des biens immenses qu'elle retire de ce monopole.

D'un autre côté, les goûts du luxe devancent généralement partout l'industrie qu'ils excitent: tel peuple, encore dans l'enfance avant de devenir industriel, nous offrira, dans ce commerce lointain, de nouveaux débouchés dont nous prive aujourd'hui son défaut total de civilisation.

Mais à Rome comme à Berne, à Berlin comme à Vienne, à Saint-Pétersbourg comme à Constantinople, on consomme des denrées coloniales portées par les Anglais. Le sucre seul leur produit un impôt de douane presque égal à la contribution foncière en France; quand nous semblons le repousser, il est rangé par les Anglais immédiatement après les premiers produits agricoles de leur sol: ils consomment quatre à cinq fois plus que nous de cette denrée, qu'ils ont surnommée *blé du tropique;* et, loin de trouver que cette consommation est un mal, *ils espèrent l'augmenter encore immensément* *.

D'où vient donc, Monsieur, que nous craindrions une trop grande importation de cette denrée précieuse, et que, sans doute par opposition, nous avons appelée *denrée de luxe?* Avons-nous oublié que Saint-Domingue seul nous en fournissait près de cent millions pesant, et qu'alors, avec une population moins considérable, nous n'en étions pas du tout embarrassés? Il est vrai qu'à cette époque nous réexportions les deux tiers des produits qui nous venaient de nos colonies; réexportation nécessaire pour rétablir l'équilibre de la balance du commerce direct, toujours désavantageuse avec elles, puisqu'elles envoient beaucoup plus qu'elles ne consomment.

Mais nos colonies souffrent, Monsieur; et, pour faire cesser cet état de souffrance, il faut porter remède à plusieurs causes, tant intérieures qu'extérieures, dont l'effet est la production *à plus haut prix* que dans les autres établissemens du même genre. C'est là qu'est *le mal radical, sans l'adoucissement duquel il n'est pas d'espoir d'amélioration effective.*

Recevez, Monsieur, etc.

---

* *État de l'Angleterre en* 1822, publié d'après les ordres du ministère britannique.

LETTRE III.

Principales causes de souffrance de nos Colonies.

Ces causes, Monsieur, sont au nombre de six, dont trois, dépendant du système de navigation ou de douanes, sont extérieures, et trois autres, ressortant de l'administration ou de la législation coloniale, sont intérieures.

La première de ces causes extérieures se trouve dans les droits exhorbitans de douane sur leurs denrées et particulièrement sur les sucres. Je ne fais qu'indiquer ici cette cause; mais je ferai voir plus loin que de gros droits, en augmentant les frais, atteignent la production.

La seconde a été la concurrence étrangère. Au Bengale, à la Havane, aux Antilles anglaises même, les cultivateurs peuvent fournir leur sucre à un prix dix et douze francs plus bas, par quintal, que ne le fournissent nos colonies.

Cette concurrence a bien été écartée, mais le remède me semble avoir été appliqué dans un sens inverse. C'est ce que j'établirai aussi.

Enfin, le monopole colonial est la troisième cause extérieure de la souffrance de nos colonies. Privées d'un commerce interlope libre, elles sont forcées de solder en argent une grande partie des articles que leur portent les Américains. Je développerai cette cause quand j'examinerai avec vous, Monsieur, le système du monopole colonial. Je passe maintenant à l'indication des causes intérieures.

La première se trouve dans les impôts locaux dont elles sont généralement surchargées. Si les colonies sont des provinces détachées de la métropole, pourquoi toutes les dépenses qui, dans les départemens, sont à la charge du trésor royal, seraient-elles là à leur charge? Vingt-cinq millions de droits de douane qu'elles payent à la France, sans parler des autres avantages qu'elles procurent, ne leur donnent-ils pas les mêmes titres aux mêmes faveurs?

La diminution des bras est la seconde cause intérieure. Les naissances des noirs ne sont pas en rapport avec les décès, et la raison en est surtout dans le petit nombre de femmes comparativement au nombre d'hommes. Lorsque la traite fut abolie pour les colonies françaises, les colons, ne s'attendant pas qu'elle dût cesser aussitôt, s'étaient toujours fournis d'un plus grand nombre de noirs que de négresses, parce que ceux-là sont naturellement plus propres aux travaux auxquels on les emploie. Il n'en a pas été ainsi dans les colonies anglaises : averties depuis long-temps du jour où cesserait la traite, elles ont pu assortir convenablement leur population noire, et y porter plus de soins et d'améliorations.

Les dettes particulières des colons sont la troisième et dernière cause intérieure de la souffrance de nos colonies.

D'un côté les ouragans, de l'autre la guerre avaient fait naître ces dettes qu'augmente chaque jour une fausse législation. Le débiteur est sans cesse protégé au préjudice du créancier : l'impunité l'endort, mais lui ôte tout crédit. La grande division des propriétés ne contribue pas moins à cette augmentation des dettes. Que devient une sucrerie morcelée? c'est presque toujours un établissement ruiné. Si la loi de l'inégalité des partages peut trouver quelque part son application, c'est bien dans les colonies. L'abbé Raynal, que certes l'on peut citer en matière de priviléges sans craindre de passer pour en être partisan, avait déjà, de son temps, signalé les partages égaux comme une des causes prochaines de la décadence de nos colonies. Que dirait-il aujourd'hui, où l'héritier, qui ne recouvre qu'une faible portion d'héritage, n'a plus la ressource de la traite pour se procurer les bras nécessaires? Sans bras et sans argent, il ne peut faire aucune dépense, aucune amélioration utile; et si, par hasard, il trouve quelque crédit, l'accumulation des intérêts, dans un pays où ils sont à un taux excessif, suffit seule à sa ruine.

Vous comprenez facilement, Monsieur, comment ces dettes, qui ont elles-mêmes différentes origines, empêchent la reproduction au plus bas prix, et sont par conséquent une des causes de la souffrance de nos colonies.

Au reste, Monsieur, je vous ai exposé les faits et les causes du mal : c'est à vous de les juger. Je vais maintenant examiner les deux systèmes qu'on a tour à tour proposés, et nous verrons ensuite si les mesures qu'on a prises sont suffisantes.

LETTRE IV.

Monopole, Commerce illimité.

MONSIEUR,

DANS les premiers temps de l'établissement des colonies de l'Amérique, leur commerce jouissait d'une entière liberté. La Hollande, qui était alors en possession de la marine marchande la plus considérable, profita de cette liberté illimitée et s'empara presque exclusivement du commerce des Indes occidentales. On comptait dix vaisseaux hollandais pour un navire anglais faisant le commerce des colonies. Pour remédier à un désordre aussi préjudiciable à sa navigation, l'Angleterre crut devoir faire paraître le fameux acte de 1651. Cet acte, aboli à la mort de Cromwel qui en était l'auteur, mais remis en vigueur par Charles II en 1660, défendait que le commerce des colonies anglaises fût fait par d'autres bâtimens que ceux de l'Angleterre. Un autre acte, qui parut un peu plus tard sous le même règne, établit que les colonies anglaises ne se fourniraient que d'objets venant de l'Angleterre, où elles devaient envoyer tous leurs produits.

Il n'était pas naturel que les autres nations ouvrissent les ports de leurs colonies aux Anglais qui venaient de leur fermer ceux des leurs : leur exemple ne tarda donc pas à être imité, et il a passé depuis en loi fondamentale de l'Europe, que tout commerce avec une colonie étrangère est une contrebande punissable par les lois du pays *.

Peut-être les nations de l'Europe auraient-elles dû se borner, au lieu d'une exclusion formelle des bâtimens étrangers, à établir dès-lors de simples droits de protection qui eussent assuré un juste avantage au pavillon national ? Peut-être, au lieu de vouloir absolument que des colons, qui se sont créé des besoins différens, s'en tinssent aux seules productions de la métropole et qu'ils y envoyassent tous leurs produits, auraient-elles mieux fait de permettre, au moyen seulement de quelques prohibitions, un commerce direct et plus libre ?

Avec un tel système de modération, l'Angleterre n'eût sans doute pas perdu les belles possessions qu'elle avait dans l'Amérique continentale.

Quoi qu'il en soit, cette puissance, qui avait donné la première l'exemple du monopole, a été la première à donner celui d'un système plus généreux ; et cependant, de toutes les na-

---

* Montesquieu, *Esprit des lois*.

tions, ce serait encore celle qui exploiterait le monopole avec le plus de succès.

Mais le fameux acte de Cromwel n'est plus pour elle que *l'allien bill,* le bill devenu étranger, le bill qui ne peut plus avoir d'application; elle a, en quelque sorte, dépouillé le vieil homme commercial *.

Quand la France possédait les plus belles colonies, sa position était presque égale à celle de l'Angleterre, et elle pouvait rendre une partie de l'Europe tributaire pour les denrées coloniales.

Alors le monopole atteignait son double but, et la France en retirait des avantages réels; mais comparons ces avantages, que nous allons spécifier, à ceux qu'elle en pourrait retirer aujourd'hui :

1° Une plus grande consommation des produits de son sol et de son industrie. Cette consommation se monte, d'après les dernières données ministérielles, à environ trente millions. Eh bien, autrefois nos colonies en consommaient quatre-vingt millions!

2° L'importation des denrées et matières premières qui sont nécessaires à sa consommation, et à l'aliment de ses manufactures et de son commerce extérieur. Malheureusement ces importations sont bien loin de pouvoir ré-

---

* *État de l'Angleterre en* 1823.

tablir, par la réexportation, le désavantage de la balance du commerce direct; nos colonies ne nous envoient pas même ce qu'il nous faut pour notre consommation et l'aliment de nos manufactures: pour l'indigo seulement nous sommes tributaires des Anglais de huit millions chaque année! Elles ne nous fournissent plus que cinquante millions de produits, et elles nous en fournissaient *cent soixante millions!*

3o L'emploi d'un plus grand nombre de vaisseaux et de marins. Ce nombre est nécessairement bien diminué.

4o Le retour et l'établissement dans son sein, avec toute leur fortune, des colons qui se sont enrichis loin d'elle. Les malheurs des colonies permettent aujourd'hui à un bien petit nombre de colons de transporter en France leur fortune.

5o Enfin les droits de douane qu'elle perçoit sur les cargaisons à l'entrée et à la sortie des navires. Quoique ces droits pour le sucre aient été doublés, ils sont nécessairement moindres dans un mouvement de quatre-vingt millions de marchandises que dans un de deux cent quarante millions.

Il résulte, Monsieur, de ce rapprochement, que si le monopole existait comme il fut établi dans le principe, ce ne seraient plus les colonies qui seraient sous le monopole de la métropole, mais, comme l'a dit avec raison un des membres les plus distingués * de la dernière chambre des députés, la métropole qui serait sous le monopole de ses colonies.

Il n'y a plus de réexportation, et par conséquent le commerce de nos colonies nous présente annuellement un déficit de vingt millions. Ainsi le monopole colonial est donc évidemment onéreux à la France.

Le système qu'on a opposé au monopole est le commerce illimité; car je ne pense pas qu'on ait pu demander sérieusement, à l'instar des Amériques et de la Grèce, l'affranchissement ou l'indépendance de nos petits établissemens coloniaux, dont le plus considérable ne compte pas plus de dix mille blancs. De beaux états que cela ferait que ces îlots sur la mer!.... Mais le résultat de cette liberté illimitée, de cette mesure qui aurait pour but de laisser aux colonies le soin de s'approvisionner et d'envoyer leurs produits où bon leur semblerait, ne serait pas que nos colonies tomberaient plus vite en des mains étrangères, puisque cela arriverait au premier coup de canon tiré sur l'Océan : ce n'est pas avec des systèmes que l'on défend ces établissemens éloignés; mais ce qui résulterait de cette liberté de commerce , c'est

* M. Lainé, aujourd'hui pair de France.

que les produits de nos colonies, qui ne peuvent être fournis au même prix, seraient repoussés par la concurrence étrangère jusque sur leurs propres marchés! Bientôt s'écrouleraient leurs ateliers et surtout les sucreries; et, à la place des champs de cannes brûlés, l'on ne verrait plus çà et là que quelques pieds de maïs et de manioc pour la nourriture du colon, qui, dans ce bouleversement, n'aurait pu regagner le rivage de la mère-patrie!... Certes, ce ne peut être le sort qu'on réserve à ces établissemens qui ont tant coûté à faire. Mais la liberté générale du commerce nous dédommagerait-elle de cette perte immanquable? Je ne le pense pas.

Je sais qu'à moins que ce ne soit le quatrième avantage (le retour des colons), les colonies étrangères peuvent nous présenter tous ceux que je viens de rappeler ici. Cependant il resterait encore à savoir s'il ne faudrait pas bien du temps pour obtenir dans les pays étrangers une consommation de 30 millions que nos colonies nous offrent encore aujourd'hui; car ici nous pouvons les obliger à consommer nos produits, et là nous trouverions inévitablement la concurrence étrangère. D'ailleurs nos colonies ne doivent pas être vues dans le seul but du commerce. Ce sont aussi des établissemens utiles pour prêter appui à nos vaisseaux, qui autrement seraient forcés d'aller chercher, dans ces parages lointains, *des asiles chez les étrangers*. Mais, en nous servant même de la balance rigoureuse des chiffres, nous reconnaîtrons que si, sous le rapport purement commercial, nos colonies nous présentent un déficit considérable, elles ne nous sont pas du moins onéreuses en résultat; car, en ajoutant

à leur consommation de.	30,000,000 f.	
les droits de douane de.	25,000,000	
on aura.	55,000,000 ci	55,000,000 f.
dont il faut déduire:		
1° pour leur importation.	50,000,000	
2° à titre d'allocation sur le trésor, environ.	6,000,000	
Total.	56,000,000	56,000,000
Reste.		1,000,000

Différence d'un million environ qui est bien rachetée, quelques obstacles qu'ils rencontrent, par les dépenses des colons et la translation qu'ils font en France de leur fortune.

D'un autre côté, nous ne devons pas perdre de vue que nous sommes tributaires des étrangers pour une grande partie de l'indigo, du coton, du café et des épices en général que nous consommons, et que nos colonies ne peuvent nous fournir en quantité suffisante.

Le sucre de l'Inde, que nous prohibons en quelque sorte par l'énormité des droits, est cependant nécessaire, comme lest, pour les retours des bâtimens qui y vont; et, puisque nous ne pouvons nous passer de ces différens articles, il est certain qu'il vaut encore mieux que nous allions nous-mêmes les prendre dans les pays de production, pour gagner le nolis et profiter des autres avantages d'une longue navigation, et de relations commerciales toujours utiles à conserver avec les peuples de ces contrées. Le commerce de l'Inde, autrefois onéreux à la France, parce qu'il fallait exporter beaucoup d'argent pour rapporter des objets de manufacture, n'est plus aujourd'hui que le commerce avec une colonie quelconque. En effet, qu'y allons-nous chercher? ces mêmes articles que nous voudrions bien que nos colonies nous fournissent: des indigos, des soies écrues, du coton et des épices en général. N'est-ce pas là un commerce très-riche, que, loin de gêner, il faudrait même encourager?

Le monopole ne nuit pas seulement au développement du commerce de la métropole. Il est onéreux à nos colonies elles-mêmes, puisqu'elles sont dans la nécessité de se procurer certains articles de subsistance de l'Amérique du Nord, et qu'elles ne peuvent lui envoyer en échange que leur rum et leur sirop ; ce qui leur occasionne une perte annuelle d'un million à quinze cent mille francs, qu'elles pourraient payer en grande partie en mauvais sucre, si on leur permettait d'en exporter pour ce commerce.

Ainsi, vous le voyez, Monsieur, la *liberté illimitée* du commerce tuerait nos colonies; et le *monopole,* qui apporte des entraves au commerce de la France, ne peut pas non plus leur convenir.

Quand nous ne consommions que les produits de nos colonies, nous étions en droit d'exiger qu'elles ne consommassent que les nôtres.

Quand nous exigions d'elles qu'elles ne consommassent que nos produits, elles étaient en droit d'exiger que nous ne consommassions que les leurs.

Si nous consommons d'autres produits, nous ne pouvons plus exiger qu'elles ne consomment que les nôtres.

Si nous leur permettons de consommer d'autres produits, elles ne seront pas en droit d'exiger que nous ne consommions que les leurs.

Il n'y a là que justice, et c'est cependant à cela que se réduit toute la question.

« Il faut arriver à ce point que les rela-

» tions des colonies avec la métropole offrent
» des avantages d'une exacte réciprocité *. »

Recevez, monsieur, etc.

---

* Propres paroles de S. E. le ministre de la marine dans son rapport au Roi, en 1822.

LETTRE V.

Discussion des moyens employés et de ceux proposés.

MONSIEUR,

DEUX mesures dépendantes de ministres différens ont été prises pour atteindre ce double résultat.

La première a été l'augmentation des droits sur les sucres étrangers, augmentation qui s'est faite par le tarif des douanes arrêté en 1822; et la seconde, l'ordonnance du 25 septembre de la même année, qui, pour faciliter le placement des produits de France, par le canal de nos colonies, les a soustraits aux formalités et aux frais d'entrepôt.

Nous avons vu que les sucres de nos colonies ne pouvaient être livrés au même prix que ceux des possessions étrangères; il fallait donc éloigner la concurrence de ceux-ci. Mais deux moyens pouvaient y amener, ou en augmentant encore les droits sur les sucres étrangers, ou en diminuant, dans la même proportion, ceux sur les sucres de nos colonies. Le premier moyen a été préféré.

On a dit avec raison que les droits sur les sucres sont un *impôt de consommation*, puisqu'ils frappent directement le consommateur français. De même, ces droits atteignent indirectement le colon, comme ceux sur le vin atteignent le propriétaire de vignes. Quand ces sortes d'impôts sont excessifs, la denrée renchérit ; quand la denrée renchérit, la consommation diminue ; quand la consommation diminue; la production s'en ressent nécessairement et revient à plus haut prix.

Ainsi, l'élévation des droits a ce double inconvénient, de diminuer le nombre des consommateurs français, et d'empêcher, par la cherté qu'elle entraîne, qu'il y ait de réexportations; seul moyen, comme je l'ai dit, de rétablir la balance désavantageuse du commerce direct avec nos colonies.

Au contraire, en diminuant les droits sur nos sucres, on évite ces deux inconvéniens majeurs, parceque, toutes choses égales d'ailleurs, si le prix du sucre, y compris les droits, est moins élevé, sa valeur intrinsèque, que la concurrence seule peut faire baisser, sera toujours la même pour le colon cultivateur; et comme le débit s'augmentera alors avec la consommation, la production y gagnera nécessairement.

Rien ne prouve plus que l'augmentation des droits sur les sucres étrangers ne peut atteindre le but que l'on s'était proposé, que les résultats que l'on a obtenus jusqu'à ce jour.

Depuis 1816, on a augmenté, année par année, de 37 francs les droits sur les sucres étrangers; et cependant les colons n'ont pas cessé de se plaindre! « Le remède est-il proportionné au » mal (a encore dit, à la dernière augmentation, » un ministre lui-même) ? je voudrais pouvoir » l'espérer. » Ce doute est un trait de lumière, et l'événement prouvera qu'il était fondé. Que peut-on faire de plus, à moins de dire en propres termes qu'on prohibe les sucres étrangers!...

Je conçois que dans un moment où la France a d'énormes charges à acquitter, le gouvernement repousse toute diminution sur des droits qui font une partie importante de ses revenus. Eh bien, j'admets (et c'est beaucoup) qu'il y eût une perte momentanée si l'on opérait cette diminution; mais cette perte, je n'en doute pas, sera bientôt réparée par tous les avantages que l'on retirera d'un système qui conciliera les intérêts de la métropole avec ceux de nos colonies, et dont le premier effet sera de faire entrer en France une bien plus grande quantité de produits coloniaux, et de compenser, par conséquent, par la masse des droits, la différence apportée par la légère diminution qu'on leur aura fait éprouver.

D'ailleurs, cette diminution doit se faire aussi par degrés, comme par degrés s'était faite l'augmentation. De la sorte, la différence de l'impôt sera presque insensible. Mais, au lieu de tendre de plus en plus vers le système restrictif et avare, on tendra au contraire vers un système plus large et plus généreux.

De quelle manière établira-t-on les droits? J'en vois deux :

1° Ou, comme en Angleterre, à raison de tant pour cent de leur valeur vénale;

2° Ou, comme en France, à raison d'un droit *fixe* sur chaque espèce de sucre.

La première manière me paraît la plus juste, parce qu'alors les droits, sont toujours proportionnels au prix de la marchandise.

Cependant, comme ce serait en quelque sorte changer le mode d'établissement de notre tarif, je vais indiquer, d'après celui qui est suivi, quelles bases j'emploierais pour la fixation des droits que je ne ferais varier que pour les denrées étrangères.

Le point de départ sera la différence, sur nos marchés, de la valeur vénale des sucres français d'avec les sucres étrangers de même qualité; et l'on fixera ces droits de sorte que ceux sur les sucres étrangers, admis à la consommation, compensent, par leur élévation, cette différence de valeur, y compris celle de production, et assurent à ceux de nos colonies l'avantage du débit. Mais comme de cette première mesure, qui est tout-à-fait dans l'intérêt du colon, il pourrait s'ensuivre une cherté de sucre qui fût contraire à l'intérêt du consommateur français et aux réexportations désirables, il faudra fixer un maximum de prix, au-delà duquel les droits sur les sucres étrangers diminueraient de manière à faire mettre en consommation une plus grande quantité de cette denrée, d'où en résulterait conséquemment la baisse.

Je prends un exemple :

Je suppose que les droits sur les sucres bruts français soient de trente francs par quintal, et que ceux sur les sucres étrangers de même qualité soient de cinquante : l'on dirait, par exemple, tant que le sucre de nos colonies ne dépassera pas quatre-vingts francs, cette différence de vingt francs restera toujours la même; mais à chaque franc qu'il dépassera ce taux, il y aura une diminution d'*un franc* sur le droit étranger ; de sorte que, quand le sucre français vaudra cent francs, le sucre étranger ne paiera plus que les mêmes droits. Ainsi, le colon serait assuré de bien vendre son sucre, et le consommateur de ne pas le payer trop cher.

En 1822, les colons de la Martinique ont demandé une mesure qui, différente dans le mode, eût atteint cependant le même résultat. Et pourquoi, au reste, les colons se plaindraient-ils d'une espèce de maximum sur leur sucre, quand les cultivateurs français eux-mêmes s'y voyent assujettis pour le blé, puisqu'il ne peut plus être réexporté au-dessus d'un prix fixé.

Les colons ne sauraient avoir la prétention d'être mieux traités que des Français habitant la France.

Une semblable mesure existe en Angleterre, à l'égard des sucres des Antilles anglaises, et de ceux du crû de l'Inde, qui peuvent être livrés à meilleur marché que les premiers.

Je passe actuellement à l'ordonnance du 25 septembre, qui est la seconde mesure employée. Je vous l'ai dit, Monsieur, c'est sans contredit un pas vers le but de l'amélioration de notre système colonial; mais cette mesure, isolée, est insuffisante. L'objet que se propose cette ordonnance, l'extension du placement de nos produits métropolitains, n'est même pas entièrement atteint. En effet, où iront se placer ces produits, avec quoi les paiera-t-on, s'il n'y a pas de moyens d'échange?

L'Amérique du nord ne consomme que peu d'objets de France, et les vins qu'elle en retire, par exemple, ce sont ses propres vaisseaux qui les viennent chercher dans nos ports. Mais c'est dans les Antilles espagnoles, danoises, à Saint-Domingue, aux Antilles anglaises mêmes et dans tout le Mexique, que ces produits pourront s'écouler; c'est avec ces pays qu'il faut créer des moyens d'échange; et que peuvent-ils nous envoyer? des produits coloniaux? oui, des produits coloniaux dont nous ne trouverons pas qu'il en arrivera de trop, quand nos colons ne s'en plaindront pas, et ils ne s'en plaindront pas quand ils seront eux-mêmes les arbitres de cette importation.

Quant à nous, nous n'aurons pas non plus le droit de nous plaindre, puisque le résultat de l'abondance sera la diminution des prix, qui nous permettra la *réexportation avec avantage*.

De cette manière, sans faire les frais d'administration, de protection et de défense de ces colonies étrangères, nous profiterons de tout leur superflu, sans nuire à nos propres colonies. N'est-ce pas là, Monsieur, un résultat incontestablement avantageux?

Mais ce n'est pas le tout; il faut qu'à l'égal des colonies étrangères, les nôtres aient la faculté d'envoyer partout leurs produits.

Tout à l'heure on pouvait craindre l'introduction des denrées étrangères, et actuellement on va peut-être craindre qu'il ne nous en arrive plus assez? Qu'on se tranquillise : le marché de France sera long-temps encore le marché le plus avantageux pour la vente de ces sortes de produits; et cela seul, sans parler de la nécessité où seront nos colonies de payer les objets qu'elles seront toujours obligées de tirer de France, y attirera, par continuation, une quantité suffisante de produits coloniaux.

D'ailleurs, s'il venait moins de denrées de nos colonies (et cette supposition est pour répondre à toute objection à cet égard), les sucres, par exemple, augmenteraient nécessairement de valeur, et quand ils auraient atteint le maximum fixé, de suite entreraient en consommation ceux étrangers que de plus forts droits auraient écartés jusque-là.

Mais des précautions seront à prendre dans nos colonies, pour l'introduction des denrées étrangères, et ces précautions se trouvent naturellement dans la fixation des droits.

Si les denrées y sont reçues à la consommation, un droit d'entrée suffisant assurera sur leurs propres marchés la préférence à celles de nos colonies; si elles n'y sont qu'entreposées, à leur arrivée en France, un autre droit d'entrée, entre celui que paient les nôtres et celui que paient celles qui proviennent directement des colonies, assurera aussi l'avantage aux denrées du crû de nos propres colonies. Ce droit (toute distance observée d'ailleurs) doit être moins élevé que celui sur les denrées transportées directement des colonies étrangères par bâtimens français, par deux raisons; d'abord parce que l'entrepôt dans nos colonies aura augmenté les frais, et, en second lieu, parce qu'il faudra en faciliter l'arrivage par leur intermédiaire, pour en faire, pour ainsi dire, des canaux de commerce.

Dans les colonies, comme en France, le grand principe de protection de la navigation du pavillon national sera toujours exactement observé.

Ainsi, tous les produits coloniaux pourront être indistinctement introduits dans nos colonies, au moyen des droits qui seront établis; et, pour que les différens intérêts soient bien balancés, le tarif sera concurremment arrêté par l'administration et les comités d'agriculture et bureaux de commerce.

Les produits étrangers d'Europe ou d'ailleurs, manufacturés ou ouvrés (tissu ou métal), y seront *prohibés* comme par le passé. Pour tous les autres articles, j'en permettrai l'entrée sans désignation, et au moyen seulement de quelques droits. Il n'y aura pas là d'inconvéniens majeurs; car, ou, par leur supériorité, nos produits ne craindront pas la concurrence étrangère, ou ils n'en trouveront pas du tout par l'absence même de la concurrence *; et si, au reste, il en entrait quelques-uns de l'é-

---

* Ces droits devront frapper les vins étrangers; car, quoique par leur nature les vins de Bordeaux ne craignent pas la concurrence étrangère, il faut pourtant protéger particulièrement cette branche de produit agricole, si importante en France.

tranger, nous en serions grandement dédommagés, et par le placement d'autres produits en échange, et par l'honneur que nous retirerions de cette conduite généreuse et bienveillante.

En agissant ainsi, il y aura une juste égalité de prohibitions et de facilités entre la métropole et les colonies.

LETTRE VI.

Conclusion.

MAIS quels avantages ne résultera-t-il pas, pour la France et pour ses colonies, de cette facilité faiblement limitée de commerce!

En France, des denrées et des matières premières de toute espèce arriveront sur nos marchés, soit du crû de nos colonies, soit par leur intermédiaire, soit directement des colonies étrangères. De justes droits proportionnels auront facilité plus ou moins leur importation. Ces produits exotiques feront rentrer les capitaux ou les marchandises que nos armateurs auront expédiés, viendront alimenter nos manufactures en augmentant le nombre des travailleurs, contenteront des goûts sans doute factices, mais qu'une longue habitude a transformés en besoins, étendront notre navigation en fournissant des matelots à la marine et des impôts au trésor; enfin, le négociant, le manufacturier, le consommateur, l'état, chacun y trouvera son avantage.

Dans les colonies, la facilité des échanges fera faire aux commerçans de nouvelles spéculations, et les profits qu'elles leur rapporteront leur donneront la possibilité de faire venir, à moindres frais, les différens articles à l'usage du colon cultivateur; et celui-ci, assuré d'un côté du débit de ses denrées, et de l'autre payant moins cher les objets de consommation, pourra étendre davantage sa culture et en livrer les produits *à plus bas prix*. De là résultera la prospérité de nos colonies, dont, de proche en proche, se ressentira la métropole.

Sans doute cette prospérité sera lente et ne s'obtiendra pas par la seule facilité du commerce. Il faudra aussi apporter en même temps de prompts remèdes aux autres causes *intérieures* de souffrance que j'ai signalées.

La diminution par degrés de différens impôts locaux dont dédommagera l'accroissement de celui des douanes, tant en France que dans la colonie; l'encouragement de l'emploi d'un plus grand nombre de machines et d'animaux; une meilleure législation entre le débiteur et le créancier; enfin, une charte, des lois, des réglemens appropriés aux localités : voilà les principales améliorations que réclament nos colonies, que surtout *un bon système commercial*, consolidé par le temps qui les fait, rendra encore heureuses et florissantes.

BASES DE L'OUVERTURE LIMITÉE

DES PORTS DE NOS COLONIES.

ARTICLE PREMIER.

1° Tout bâtiment français, et réputé comme tel, pourra importer, d'un pays ami de la France dans une colonie française, toute espèce d'articles, produit naturel ou industriel de ce pays (à l'exception des articles manufacturés ou ouvrés, tissu ou métal), en payant les droits d'entrée qui sont ou seront établis sur lesdits articles.

2° Sera réputé bâtiment français tout navire construit en pays français et voyagé par le capitaine et les trois quarts au moins de l'équipage français.

ART. II.

1° Tout bâtiment étranger, d'un pays ami de la France, pourra importer dans une colonie française toute espèce d'articles, produit naturel ou industriel de ce pays (à l'exception des articles manufacturés ou ouvrés, tissu ou métal), en payant, en sus des droits de douane imposés sur navire français, un droit de protection de navigation nationale; pourvu toutefois que ce bâtiment appartienne à la nation qui l'emploie.

2° Cette reconnaissance de nationalité s'établira comme pour les bâtimens français.

ART. III.

Tout bâtiment français pourra exporter, d'une colonie française pour les ports des pays amis de la France, les différens articles qu'elle produit ou qui y auront été légalement importés, en payant (à moins qu'ils ne soient de France) les droits de sortie qui sont ou seront établis sur lesdits articles.

ART. IV.

Tout bâtiment étranger, d'un pays ami de la France, pourra exporter d'une colonie française les différens articles qu'elle produit ou qui y auront été légalement importés, en payant, en sus des droits de sortie imposés par navire français (s'il en existe), un droit de protection de navigation nationale, qui est ou sera établi; pourvu toutefois que ce bâtiment appartienne à la nation qui l'emploie, et qu'il retourne dans l'un des ports de cette nation.

ART. V.

Tout article de France (produit naturel ou industriel) légalement importé dans une colonie française pourra en être réexporté par bâtimens français ou par bâtimens étrangers, en faisant remise des droits d'entrée déjà payés, conformément à l'ordonnance du 25 septembre 1822; seulement le droit de protection du pavillon national sera prélevé sur ces derniers navires.

ART. VI.

Entrepôt.

1o Les entrepôts établis ou à établir dans les colonies françaises pourront recevoir indistinctement, soit par bâtimens français, soit par bâtimens étrangers, toute espèce d'articles (qui ne seraient pas prohibés), en payant un léger droit d'entrepôt, égal pour tous.

2o La durée de l'entrepôt sera fixée, ainsi que le minimum de la quotité des articles qui pourront être entreposés.

ART. VII.

Les différens droits susdits d'entrée ou de sortie, de protection de navigation et d'entrepôt, à établir dans les colonies françaises, seront arrêtés par les gouverneurs ou commandans desdites colonies, sur la proposition des directeurs des douanes, et après avoir pris l'avis des comités et bureaux d'agriculture et de commerce; mais les tarifs ne seront définitifs qu'après avoir reçu l'approbation du gouvernement en France.

FIN.

TABLE

DES MATIÈRES.

FIN DE LA TABLE.

www.ingramcontent.com/pod-product-compliance
Ingram Content Group UK Ltd.
Pitfield, Milton Keynes, MK11 3LW, UK
UKHW020402220726
13923UKWH00004B/1691

9 782019 277215